दूसरी किताब

दूसरी किताब

सत्यपाल सहगल

वाणी प्रकाशन

वाणी प्रकाशन

4695, 21-ए, दरियागंज, नयी दिल्ली 110 002

फ़ोन : +91 11 23273167 फ़ैक्स : +91 11 23275710

शाखाएँ

अशोक राजपथ, पटना 800 004, बिहार

कॉफ़ी हाउस कैम्पस, महात्मा गांधी मार्ग, इलाहाबाद 211 001, उत्तर प्रदेश

महात्मा गांधी अन्तरराष्ट्रीय हिन्दी विश्वविद्यालय, वर्धा 442 001, महाराष्ट्र

36/ए, शेक्सपीयर सरणी, रानी बिरला गर्ल्स कॉलेज के पास, कोलकाता 700 017, प. बंगाल

www.vaniprakashan.com
marketing@vaniprakashan.in
sales@vaniprakashan.in

Doosari Kitab
by Satyapal Sehgal

ISBN : 978-81-962190-9-3
Poetry Collection

प्रथम संस्करण 2023

मूल्य : ₹ 350

आर. टेक ऑफ़सेट प्रिंटर्स, दिल्ली-110032 में मुद्रित

वाणी प्रकाशन का लोगो मक़बूल फ़िदा हुसेन की कूची से

पिता के लिए

स्वगत कथन

अ

मैं काव्य–संग्रह छापने और न छापने के अन्तर्द्वन्द्व में फँसता रहा हूँ। क्यों? पर सचमुच क्या यही था या कुछ और?

दरअसल, यह उस समय भी हुआ था, जब पहला काव्य–संग्रह *कई चीज़ें* छपा था, कमोबेश पच्चीस साल पहले। क्या पुस्तक–प्रकाशन दुनिया को अपनी कविताएँ 'दिखाने' की एक बड़ी बेशर्म कोशिश है? यह अपराध–बोध? क्या छपना कविता–कर्म और कवि की कमज़ोरियों में से एक है? क्या हर कविता छपने के लिए है? क्या कविता जितनी छपने की इच्छा से जुड़ी है, उतनी बुरी है? क्या छपना आत्म–प्रचार, पहचान और यश–प्राप्ति का उद्देश्य लिए है? क्या जो आज सब जगह आत्म–विज्ञापन की आपाधापी मची है, मेरी मानसिकता उसकी अतिरिक्त प्रतिक्रिया मात्र है? कविता लिखने और उसे संसार को बताने–दिखाने के बीच का सम्बन्ध क्या है? क्या कविता को दूसरों तक ले जाने का काम कोई ग़लत काम है? कविता, जो अक्सर घाव रिसने जैसा मामला है, हम उसे दूसरों को क्यों प्रदर्शित करना चाहते हैं; बक़ौल मुक्तिबोध, 'दुःखों के दाग़ों को तमग़ों–सा पहना'? या फिर माँ का दिया वह संस्कार है, कि कभी 'मैं' नहीं कहना? कभी यह नहीं कहना, कि 'मैंने' यह किया?

या फिर यह एक तरह का आत्म–अविश्वास था, या निराशा, शंका या गुस्सा था, उनको लेकर जिनके सामने ये कविताएँ जायेंगी? वह साहित्य–समाज, जिसमें पाठक, प्रकाशक और

समीक्षक शामिल हैं? उनके विवेक को लेकर भरोसे की कमी? या उनकी हक़ीक़तन बेरुख़ाई?

या फिर अपनी ही किसी महत्वाकांक्षा या अहंकार की कसौटी पर खरा न उतर पाने का ग़म? या भीतर की कोई और वेदना, जो एक चिरन्तन निष्क्रियता और सन्देहशीलता हमारे भीतर भर देती है?

दो

अपने एक विदेशी कवि–मित्र की तरह मुझे भी यह लगता रहा है, कि 'कवि होने' की सचेतता, कवि होने या कविता रचने के लिए अच्छी बात नहीं है। यह तथ्य जितना ढका रहे उतना अच्छा है। सम्भवतः, एक 'भूलापन' वह नमी है, जिसके होने से कविता का बीज अंकुरित होता रहता है। कविता सूखने का भय बहुत बड़ा है और कविता जारी रहने का सुख बहुत विशाल है। कविता छपने से बड़ी ख़ुशी है, कविता–सम्भव होने की स्थिति। कविता की तारीफ़ भी एक प्रकार की डराने वाली स्थिति हो सकती है, क्योंकि, वह अपने मूल में कविता की उपेक्षा जैसी बौड़म भी हो सकती है। यह तकलीफ़ बहुत ज़्यादा है, कि वास्तव में थोड़े ही लोग यह जानते हैं, कि आप क्या करते हैं! आप लिखते हैं, छपते हैं, पर कोई नहीं जानता, कि आप 'क्या' लिखते हैं! यह भी एक तरह का निर्वासन है। आप किसी का दरवाज़ा पीट रहे हैं और अन्दर वाले को नहीं पता, कि आप कौन हैं?

पर तब आप पत्र–पत्रिकाओं में भी क्यों छपते हैं? शायद इसलिए, कि वहाँ संकोच के लिए अधिक स्थान मिल जाता है? कि वह वैसा बड़ा आत्म–प्रकाशन नहीं है?

तीन

इस तरह लगता रहा, कि हो सकता, मेरी और कविता के दूसरी ओर बैठे लोगों की शर्तें अलग–अलग हैं। वे जहाँ जा के,

जिस चोटी पे जाकर रुक जाते हैं, मैं वहाँ से ऊबकर कुछ और शुरू करने का प्रयास करता हूँ। मैं वह नहीं करना चाहता, जो दूसरे कर रहे हैं। समकालीन कविता में बहुत से कवि मुझे प्रिय हैं। पर उन जैसा बनने की बजाय, मैं असफल या फिर असन्तोष–भरे प्रयत्नों को तरजीह देता आया हूँ। लेकिन, क्या मैं उन जैसा बनता भी, अगर वैसी–सी काव्य–हरकत करता? क्या मैं जैविक रूप से उसके लिए फिट था?

चार

ग़ालिबन इस बयानबाज़ी की ज़रूरत नहीं होनी चाहिए थी और शायद होनी चाहिए। क्या हिन्दी–समुदाय की अनोखी और अजीब चुप्पी या अनोखे और अजीब शोर ने यह दुविधा भर दी है? इस अलगाव का पूरा अर्थ मैं समझ नहीं पाता हूँ। पर इसे समझना मेरी ज़िम्मेदारी है। क्या नहीं? मैं एक बहस में पड़ना चाहता था, पर इसके लिए कोई दूसरा पक्ष तो हो! मुमकिन है, इस 'दूसरे पक्ष' की अनुपस्थिति ने ही मुझ में एक अहम्मन्यता भर दी हो? यह सच है, कि मैं 'मैं' से बचना चाहता हूँ। पर क्या 'दूसरा पक्ष' न होने से ही, सिर्फ़ 'मैं' ही बचा रह गया है आज, इस पन्ने पर।

पाँच

हिन्दी–समाज, हिन्दी का बौद्धिक वर्ग और हिन्दी कविता की परिस्थिति मुझे सदा उत्तेजित करते रहे हैं। इस उत्तेजना को अभिव्यक्त करने के प्रति, मैं बराबर एक आवश्यकता महसूस करता रहा हूँ। लगता है, यह ऐसा ही कोई मौक़ा आया है!

क्या इस संग्रह की कविताएँ कुछ बातों के हक़ में या कुछ बातों के खिलाफ़ जाती हैं? मसलन–

1. काव्य में एक या दूसरी तरह की गीतात्मकता की अनिवार्यता से कन्नी काटना, चाहे वह शब्द की हो या भाव की।

2. विषयों के ज्ञात पक्षों से किनाराकशी।
3. भावुकता के प्रकाशन से परहेज़ या ऊब।
4. एक ही साथ, कविता–कर्म को पवित्र गम्भीरता से लेना और उसके प्रति सीनिकल, निराशाजन्य मुद्रा भी।
5. अभिव्यक्ति में प्रयोग की बद्धमूल ज़िद।
6. अनन्त और अथक प्रश्नाकुलता।
7. कुछ हठों का ढेर।

छह

मैं लगातार यह सोच रहा हूँ, कि मेरा बोलना जैसे 'बेचने' का एक काम है। किताब का छपना भी 'बेचने' का एक काम है? कविता लिखते हुए उसे छापने का ध्यान नहीं आता। यद्यपि, बाद में, छपने की एक बुलंद परवाज़ी कार्य करती रहती है। कई कारणों से। पत्र–पत्रिकाओं में। इससे तो यही सिद्ध होता है, कि कविता लिखने का छपने के साथ एक सम्बन्ध है। पर इस सन्देह से मैं अभी भी घिरा हूँ, कि क्या छपना कविता–धर्म का विलोम तो नहीं? उसका छपना, कहीं उसकी या कवि की मौत तो नहीं? अगर ऐसा है, तो फिर लिखना और छपना किस लिए? आत्म–प्रकाशन के साथ, कविता एक कला–साधना तो है ही! कहीं–न–कहीं वहाँ अहं भी तो छिपा है! एक तुलना दूसरों से होती रहती है, अन्दर–ही–अन्दर। अपनी पहचान की एक अज्ञात इच्छा छुपी रहती है। खुद को श्रेष्ठ या सर्वश्रेष्ठ मानने, साबित करने का भाव भी रहता है।

इस तरह, एक सम्भ्रम के बीच यह सब मानसिक व्यापार पलता रहता है। इसके मूल में क्या वही भाव है न, कि दूसरे श्रेष्ठ मानें? श्रेष्ठ ही नहीं, सर्वश्रेष्ठ? यही अहंकार? क्या इस काँटे को भीतर से निकालना होगा? क्या यही भीतरी जद्दोजहद है? एक ओर खुद को सर्वश्रेष्ठ मानना, दूसरे इसे मानें यह भी इच्छा; वहीं इसी भाव को कविता के लिए हानिकारक मानना? इस तरह,

एक अपराध–बोध भरे अन्तःसंघर्ष का जन्म! एक ऐसा अपराध–बोध जिसकी जड़ों को ढूँढना और निकालना कठिन रहा है!

सात

क्या हिन्दी में सही मूल्यांकन सम्भव है? हाल–फ़िलहाल तो नहीं लगता है! कम–से–कम जो हिन्दी के औपचारिक सत्ता–संस्थान हैं, उनकी तरफ़ से। क्या हिन्दी के साहित्यिक माहौल में वह जगह है, जहाँ हम रचनाशीलता को खुला छोड़ दे सकें? उसे खुल के अवसर दें? कितना दमघोंटू वातावरण है! ख़ास कर अकादमिक क्षेत्र में। क्या नहीं? कितना दकियानूसीपन है चारों ओर!

आठ

इस तरह, मेरे सामने आश्वस्ति का लोप एक बड़ी समस्या बनती है। किसने इसे हमें नहीं देने दिया है या किसने इसे हम से छीन लिया है?

आ

दूसरी किताब इस संग्रह का शीर्षक इसलिए पड़ा, क्योंकि, लगभग बाईस बरस बाद, एक नये संग्रह की ब्योंत करते समय, किसी नये ढब के नाम पर विचार करना असंगत लग रहा था। बीच के बड़े और असहज अन्तराल का सामना बड़ा कठिन हो रहा था। वस्तुतः, पहले निश्चित किये गये शीर्षक को बदला भी जा रहा है। प्राथमिक पाण्डुलिपि में यह शीर्षक *कई और चीज़ें* था। एक भूली बात को फिर याद करने जैसा, उसे असमाप्त करने जैसा। शमशेर बहादुर सिंह के संकलन 'कुछ और कविताएँ' से इसकी ध्वनि जा मिलती थी, क्या किया जाये! पर इसे अभी, इस पल त्याग दिया। बड़ी दौड़धूप के बाद, शीर्षक पाने की कशमकश यहीं आकर ख़त्म हुई : *दूसरी किताब*।

अगरचे, यहाँ प्रस्तुत कविताएँ पहले संग्रह के बाद की कविताएँ नहीं हैं। न्यूनाधिक इधर की हैं। सब कुछ गड़बड़ाया है। बीच की असंख्य कविताएँ इधर–उधर भटक गयी हैं, घर के और डायरियों के कोनों में; उन्हें आराम से खोज कर, धो–पोंछ कर लाना ही ठीक होगा। इस दौरान जीवन–बोध भी बदलता रहता है। कई कविताओं को देख कर लगता है, क्या ये हमारी ही हैं? या हमने लिखीं और कब लिखीं? देखना होगा, कि क्या फ़र्क़ पड़ जायेगा, यदि वे आज के बाद सामने आती हैं। इस प्रकार, इस संग्रह के शीर्षक का कोई कालक्रमिक अर्थ नहीं है। यह एक तदर्थ इन्तज़ाम जैसा भी है।

दो

ज़ाहिर है, इस बीच निराशा का एक बड़ा दौर खड़ा हुआ; कविताएँ लिखी जाती रहीं, पर न जाने किन गुफ़ाओं–कन्दराओं में जाकर इकट्ठी होती रहीं। जैसा पहले कहा, कम–ज़्यादा वे रिसते घाव ही थे; पर ऐसा कहना तुच्छ आत्मकथन भी हो सकता है। वे लिखी जाती रहीं, पर उनके प्रति एक लापरवाही का भाव भी रहा। अब एक समय के बाद, उन पर फिर से नज़रसानी की ग़रज़ महसूस होती है। उस आईने में फिर से झाँकने की अपेक्षा है और इसमें काफ़ी समय लगने वाला है; इसलिए, जो कविताएँ सबसे नज़दीक, सामने और सुलभ थीं, उन्हें ही चुन लिया गया; बाक़ी की बारी बाद में आयेगी, यदि आयेगी। आयेगी ही; थोड़ा समय लग सकता है।

तीन

इस मध्य ज़िन्दगी में बहुत–से बदलाव आये। सो, कविता में भी। इसके प्रति, ज़िन्दगी और कविता के प्रति, मित्रों की अनौपचारिक प्रतिक्रिया मिश्रित ही रही है। जिन्होंने कविता की दुनिया और जीवन में कभी प्रोत्साहित किया था, वे इससे अधिक

ख़ुश नज़र नहीं आते। अन्य के मन का बहुतेरा पता नहीं चल पाता। क्या ख़ुद भी मुतमइन नहीं हैं? पर फिर यह संग्रह क्यों? या फिर वह कविता जो नितान्त सन्तुष्ट करे, अभी नहीं आयी है! पर इन्हें भी छोड़ नहीं सकते। यही इनके पेश करने का कारण है। हर कविता जिसमें थोड़ा ख़ून मिला है, स्वीकार करनी ही होगी। ओह, न जाने कितनी कविताओं को लाँघ कर यहाँ तक पहुँचे हैं। तरसती और हमारी बाट जोहतीं; अपना उद्धार माँगती। कहीं पीछे। उनकी ओर जल्दी लौटना होगा।

सरकण्डों के किसी खेत जैसा है वह इलाक़ा। बिल्कुल इस समय पंजाबी कवि *लाल सिंह दिल* की कविताएँ याद आ रही हैं।

चार

ये कविताएँ : इनमें कई निश्चित तौर पर सामान्य क़िस्म की हैं; तो फिर वे यहाँ क्या कर रही हैं? क्योंकि, हर कविता एक मनुष्य है और उसे जीने का अधिकार है? क्योंकि, हर कविता कुछ तो कहती है? यदि हमने उसे नहीं सुना, उसे निकाल दिया अपनी बज़्म से, तो वह कहाँ जायेगी बेचारी! 'असाधारण' को रख लिया और 'साधारण' को छोड़ दिया?

क्या यह तर्क कुछ विचित्र–सा, अनसुना, अव्यावहारिक और अराजक–अनार्किक नहीं?

पाँच

यही, कि ये कविताएँ बुरे दिनों की साथी हैं। बुरी–भली जैसी भी। लँगड़ी–लूली जैसी भी। काली–कलूटी जैसी भी। लम्बी–छोटी जैसी भी। अजीब–सी, अड़ियल, रूखी, लयहीन, संगीतहीन, बौद्धिक–मूर्ख, बोझ–सी, अबूझ; जैसी भी। इन्होंने साथ दिया, हम भी साथ निभायेंगे। दूसरे कुछ भी कहें न कहें, हम इनका साथ देंगे। अपनाएँगे। अपनाते हैं।

छह

इस प्रकार हम लथपथ हैं। हिन्दी में सच कहने के संकट से। हम वह ढोल नहीं पीटना चाहते, जो हमें मिला। आप देख सकते हैं, कि कितना सैद्धान्तिक और व्यावहारिक गड़बड़झाला है। ज़रा–सा छेड़ो, तो लोग चिल्लाने लगते हैं। खुल के बात करने के हालात नहीं हैं, एक सांस्कृतिक मुसीबत है और कोई इसे स्वीकार करने के लिए तैयार नहीं है। लगभग पच्चीस बरस की चुप्पी का मामला है। 'वे' लोगों को चुप्प करा देते हैं। 'वे' खुद को समझने को राज़ी नहीं हैं। उधर, एक–दूसरे पर व्यक्तिगत दोषारोपण हिन्दी में बीमारी की तरह फैला है और कितना हिंसक! बहुत घुटन है हिन्दी में। कहाँ है ताज़ा हवा?

ये पच्चीस बरस हमारी नहीं, हिन्दी–जगत की कहानी अधिक कहते हैं। क्या ये हिन्दी में शोर के साल थे? इतना तो कह ही सकते हैं, कि उत्तरोत्तर बढ़ते शोर के साल हैं? सत्य को शोर ठेलता रहा, अथवा यूँ कहें, शोर सत्य से खेलता रहा और रियासतबाज़ी, रियासती व्यवहार आज भी हिन्दी में ख़ूब है। सृजनात्मक तबक़े के कुछेक सदस्यों को छोड़ दें तो, हिन्दी में सच्चा आधुनिक मिज़ाज ढूँढना दुश्वारी है। या आप हमारे साथ हैं, या आप हमारे ख़िलाफ़ हैं की जॉर्जबुशीय अवस्था प्रायः बनी रहती है। वस्तुनिष्ठता का मतलब आज तक समझ नहीं सके हम। अपने मनःसन्तापों से उठ कर सोचना लगभग दूभर है। यह सही है, कि हिन्दी का विमर्श हिन्दी के प्रयोक्ताओं के समाजशास्त्रीय तथ्यों से दूर नहीं रह सकता। इसमें कोई कर भी क्या सकता है? दुर्भाग्यपूर्ण है इसकी सचेतता का अभाव। इसका बोध। हिन्दी–चिन्तन अपने समाजशास्त्र से 'बहुत ज़्यादा' नियन्त्रित होता है। उससे पार जाने की क्षमता नज़र नहीं आती। उसमें विश्वजनीनता का अभाव है; इसलिए, वह किसी और के प्रयोजन का अधिक नहीं ठहरता। इसलिए, उसमें आत्मदया और अपने गाल बजाने का भाव दोनों ख़ूब मिल जाते हैं। यह उपरोक्त स्थितियों का ही नतीजा है।

ऐसी दशा में नाउम्मीदी और असक्रियता में घुसने के अलावा और क्या बचता है? बीते बरसों में यह बियाबान और भी गहराया है।

बचे रहे हैं, यही क्या कम है! कदाचित अपनी भी कोई अपूर्णता रही है। पर वह चुप रहने के अलावा और क्या थी?

सो, प्रत्यंचा खींची जा रही है; तीर उठाया जा रहा है; उठा ही लिया है जानिये; निशाना साध लिया है।

देखते हैं, अब यह तीर किस करवट बैठता है? माने लगता है।

पुनश्च

क़रीब इसी रूप में, यह भूमिका कोई चार–पाँच साल पहले लिखी गयी होगी। संग्रह की प्राथमिक पाण्डुलिपि 2013–14 में किसी समय तैयार हुई। अधिक़तर कविताओं का रचनाकाल अंदाज़न 2000–2010 के बीच का है। यह संग्रह एक कहानी भी है या इसका निर्माण भी पूरी कहानी का एक हिस्सा बन गया है। मैं यह सब क्यों बताना चाहता हूँ? और यह लम्बा प्राक्कथन। क्या तात्पर्य है इसका? कितनी क्षुब्धता, कितना सन्देह,कितनी मानसिक यातना, कितना अपने सही होने का भाव? इसे अब लिखता तो सम्भव है, इसका कोई दूसरा रंग होता। शायद कुछ मटमैला। ज़्यादा ज़मीनी और शान्त। कुछ करुण। कविता सम्बन्धी चर्चा में कुछ तात्पर्य करुणा और ममता सदा बनी रहनी चाहिए। तथापि, हल्का–सा सम्पादन तो किया गया है। असल में, नये सिरे से लिखने का उत्साह और अवकाश ही नहीं है।

इसलिए, इसे कुल मिलाकर मूलरूप में रखा जा रहा है। इस सच का सार्वजनिक सामना और साझेदारी उचित ही लग रही है। हालाँकि, सच खोजना कोई प्राथमिकता नहीं है अब। हम झूठ बोलने, झूठ सुनने और झूठ में रहने के आदी हो चले हैं। सच के बिना भी हमारा कारोबार अच्छे से चल रहा है। हमें उसकी दरकार नहीं है। हमें मुबारक!

फिर वही तुर्शी और गुर्राहट। अब इसको यही समाप्त कर दें तो बेहतर।

10 सितम्बर, 2021 **सत्यपाल सहगल**

अनुक्रम

दिन

हटते नहीं धूप के क़तरे
ढलते हैं

पेड़ों की छाहें
इन्तज़ार में रहतीं
जैसे छुपी इच्छाएँ

रास्ते बेचैन आशिक़
निकले रहते अनथक
फ़सलें हवाओं में झूलतीं
करती इशारे!
सिर्फ़ इशारे!

पत्ते बनाते कुनबा–
ज़मीन से जुड़े
ताकते आसमान

पंछी बनाते घरौंदे
लौटने को
आसमानों की ख़ाक छान

आसमानों में सिर्फ़ उड़ान
पर घरौंदे पेड़ों पर!

धूपें (एक)

खिली धूप जैसे झील
मन किनारे बँधी नाव

दो

तीखी कटार धूप
बिला शक जानते सब
टुकड़े–टुकड़े मेरा मन
जानता कौन

तीन

सुलझा हुआ सवाल धूप
कौन–सा सवाल?
किसने किया?

चार

धूप ने रंगा सब अपने रंग

मेरे रंग को बची नहीं जगह
ख़ुद रंगा धूप–रंग

पाँच

कोई धूपीली सुबह
होती है शर्मीली सुबह–
मँडराती रहती संशय भरी
ग्यारह बजे

छह

खिली धूप–
जैसे दाता का खुला हाथ
दीन के फैले हाथों पर

जैसे फैली धरती

दौर

नहीं रहे मेरे छतनार वृक्ष
क़दमों के साथ बढ़ती गलियाँ
ढोलों की थाप
दौड़ा चला जाता जिनकी ओर

सिर्फ़ प्यास
नहीं थे शब्द
नहीं आता था तैरना
सिर्फ़ पोखर
चला जाता था शहर के बाहर
जाना नहीं था कहीं पर

अन्त थे शामों के
अगले रोज़ मिल जाते दोस्त!

घुमड़ते थे बादल
तर होता धरती का हलक़

नहीं थी उन पर
धूल–मिट्टी की परत
आह वे दिन!

दो

बाक़ी सब दिनों पर गर्द...

अन्धेरी रात में अलाव की तरह
जलते वे दिन
चमकते
नये मकानों के काँच की तरह!

बाज़ारों में पछतावा
खिड़कियों से झाँकता
कोई, कभी ही
लगता नहीं था
कुछ भी जायेगा
गलियों में ठहराव
घुली रहती थी हवा–ए–शहर
खट्टी एक मुहब्बत!

वह था कोई और दौर

नहीं लगता था कभी
वह था कोई और दौर...

चलो

कूच करेंगे उत्तर की ओर

पहले पोंछेंगे बदन अपना
पोंछते जैसे किताबें
आईने
यादें!

रहती उत्तर में हमारी इच्छाएँ
मृग इच्छाएँ
घाटियों में गूँजती रहतीं
खोयी हमारी आवाज़ें
ढलानों पर खिले रहते
आशाओं के फूल...

चलो उत्तर
सुदूर!

जहाँ हवाएँ सदा
सोचती रहतीं कुछ
डूबीं!

दम

वह सपना, वह दम–
तराशा हुआ
पहाड़ों की कहानियों बीच
इन हमारी आँखों से

आँखों ने जो भी सुना
सब कब कहा
लब पर जो गीत रहा
सब नहीं रहा उसमें
आँखों ने जो भी सहा

वह सपना, वह दम
हमारी आहों
झुकी निगाहों से गढ़ा
सूनेपन में जहाँ
झरने ठोकते हैं ख़म!

...पानियों का बहना
ख़ामोश, चहकते पानी
सुरमई यादों में
नज़र के सामने
बहते पानियों के संग
ललकारते पत्थर, पहाड़, जंगल...

कोहनियाँ जिन पर टिका
झाँकी घाटियाँ
निहारी चोटियाँ
ताके आसमान

मापी पगडण्डियाँ
चल पड़े रेवड़ों के संग...

वह सपना, वह दम
हरदम हमारे संग
साथ जिसके देखे
फैली धूपों के रंग...

चाँद

अधजगा चाँद
दुनिया की चौसर पर

रात का दाँव पहला...

इज़हार प्यार का आधा
पानी में आधी डूबी नाव
आधा पुन्न
किसी नेक आत्मा का
आधा पाप

अधूरा गान
अधूरा ज्ञान

आधी रात, आधा चाँद–
कली खिली
निथरा मक्खन
रात की पुती पलक
बर्फ़ी की टुकड़ी जैसे

फिर छिपा

अन्धेरा सामने–
सुरमा पीसने वाली ओखल
ऊपर गिरता काला बड़ा पहाड़
छलकती स्याही की दवात
काले चोगे वाला जोगी
भैंसे की पीठ
बिछी काली दरी जैसे

अपना कोई रंग
दुखी दिनों का
काले दिनों का!

चाँद अधजगा
पूरा अन्धेरा फिर
चौथी रात वह
ईद–उल–फ़ित्र के बाद...

बचना

हम आ गये
दिन कविताओं के आ गये
मरीना!

कुछ साफ़ बोलेगी
तुम्हारी रूँधी–टूटी आवाज़
नवम्बर की धूप में जगह
बना रखी तेरे लिए
तुमने खुद कहा–
'आयेंगे दिन कविताओं के!'

बचे रहे हम

बच जायेंगी कविताएँ..
कम होंगी चिड़ियाएँ
नदियाँ कम होंगी
होगी कम हरियाली
हम बचेंगे पर
बचेंगी संग हमारे कविताएँ...

बचेंगे हम ताकि
बच सकता है जो बचाया जा सके

बन सकता है जो बनाया जा सके
रुक सकता है जो रुकाया जा सके

दिन कविताओं के आयेंगे
दिन हँसने के भी आयेंगे
जूड़े में फूल खोंसने
घाव पर मरहम रखने के दिन आयेंगे

चाय की प्याली से उठेगी भाप
दमकते होंगे मिले चेहरे
लौट आयेगा सब कुछ

नहीं मरता धीरज–
कविता ज़िद्दी एक लड़की
ज़िद्दी भाई की बहन
मरीना!

* प्रसिद्ध रूसी कवयित्री स्व० मरीना स्वेताएवा (1892–1941)। हिन्दी में उनका अनूदित काव्य–संग्रह 'आयेंगे दिन कविताओं के' प्रकाशित।

आना

दरवाज़े–खिड़कियाँ भेड़ने
सिटकनियाँ लगाने
बत्तियाँ जल्दी बुझाने
हवा में गहरी साँस लेने का
वक़्त आ गया!

यह सभ्यता लगभग ढली मोमबत्ती
किसी और तरह से बयान करूँ इसे..

दिन भर देखे फूलों को याद करने
डिब्बा–बन्द खाने के रैपर
बन्द माचिस
टेढ़ी चप्पल
खुली किताब, पेन–
सबको कविता में रखने का वक़्त
आ गया!

काफ़ी पहले घर लौट गये परिन्दे
मौसमों को पहचानने का पागलपन
फ़र्श पर हल्के धब्बे की तरह बचा
जख़्म बने निशान...

ख़ामोशी घेर ले
बिछौने जकड़ लें
ख़ून में सुनें नयी आवाज़ें
रात के दूसरे पहर

वक़्त आ गया!

लहर

लहरता एक जीवन

लहरती तेज़ धार–
लहर पर लहर
पर लहर...

चाँदी की तरह चमकता
सिक्कों की तरह खनकता
प्यार–
शहर की गलियों से निकलता इक्का

लहर पर लहर
पर लहर...

कर दिया गया मैं दान!

फैली सफ़ेद चादर
टुकड़े काँच के बिखरे
शोर थमा
तीखी एक शराब...

लहर पर लहर
पर लहर...

डोर की तरह
खींच लिया गया

एक दर्पण
ख़ाली गिलास
फूलदान, एक रुमाल
सूखती हुई क़मीज़
हवा में तैरता पत्ता–
प्यार!

लहू की बूँद उँगली पर ठहरी
अतिथि देरी से पहुँचा
नागवार सवाल

लहर पर लहर
पर लहर...

धूपें (दो)

पार करके धूप का मैदान
इच्छा–नाले तक आया

बैठा बरसों से
एक बालक जहाँ
पानी में पाँव डाले...

दो

वरदान की तरह पड़ रही
इस समय–
देखना एक दिन
जला डालेगी कायनात

तीन

वह रास्ता जो जा रहा
छूटती रेल की तरह
धूप औ' छाँव कन्धों पर लादे
घर है मेरा उसके मुहाने

जैसे कोई विदा करता हुआ!

चार

लौट रही धूप
महरी की तरह
थके–हौले क़दमों से जाती
उसकी बस्ती में जाके देखूँगा
किन हालात में रहती!

पाँच

देखी कभी
जाती धूप की ख़ूबसूरती
आती पेड़ों से छनकर...

देखो!

पेड़ों से पूछा कभी
जाती धूप का दर्द...
पूछो, दोस्त!

इलाक़ा

सुबह के पहले क़दमों से अलग
रात के पहले क़दम
जैसे किसी बच्चे के पहले क़दम–
देखता
रात का अँकुरित होना...

रात की तब्दीलियाँ
इस इलाक़े
होंगी क्या कुछ ऐसे
सुरों की तब्दीलियाँ
नाच की तब्दीलियाँ
रंगों की तब्दीलियाँ
चित्र में किसी...

कहीं दूर खनखनाती हँसी
बढ़ती रात
आती पकती फ़सलों की गन्ध...

अब कैसा हालचाल
वैद्य की तरह पूछेगी

आ रही रात की पदचाप
इस इलाक़े!

ध्यान

सुनता हूँ रात का आलाप
ध्यान मेरा न बँटाये कोई

चल चुका रात का तीर
सनसनाता
आँखों के सामने
देखता हुस्न उसका

बढ़ती जाती रात की बारिश
होने वाली झमाझम

करता हूँ रात का ध्यान
ध्यान मेरा न बँटाये कोई...

उदास

अब भी चुभते
उस उदास शहर के काँटे
बदन पर

जहाँ नहीं थे कोई बाग़
बस खरपतवार औ' उड़ती रेत

कहीं नहीं जाती थीं सड़कें
नहीं कोई चाहता था बदलना
दूसरे की पहचान

लगभग गूँगा
फिर लगा बोलने
इशारों की ज़ुबान
निभता न था लहू में बह जाना
साथ न देती अक़्ल
शहर को उदासी रोग

सदा पास रहता था अतीत

दिये की तरह
आज भी जलता भीतर...

दिल

मुट्ठी से गिरती रेत...

नाचीज़ दिल
मेरे नाम
आज शाम

दीवार–ए–शाम
चिपका पोस्टर की तरह
नाचीज़ दिल मेरा

पोंछता हूँ आज
नाचीज़ दिल
पोंछता जैसे कोई निशान–ए–ख़ून

नाचीज़ दिल
कर गया मुझे कोई दान

दो
पीटा गया जैसे कपड़ा
पत्थर पर
नाचीज़ दिल मेरा
धुला हुआ

हिरण की तरह फलाँग गया
जंगल सूना
नाचीज़ दिल...

तीन

प्यासे पंछी की तरह
गिरा पाया गया
नाचीज़ दिल
सड़क पर बिखरा काँच जैसे

लाख बरस पहले
नाचीज़ दिल
लाख बरस बाद
नाचीज़ दिल मेरा!

पुकार

पीली पुकार
रात की कालिख में दमकती...

पीली पुकार मेरी
अलग से चमकती
सुबह की पीली नदी में

रंगरेज़ों के मुहल्ले से
लौट के आयी
पीली पुकार
निहायत अपनी

जलतरंग

पंछी प्याले से चोंच–भर पीता
मीठा और हो जाता संगीत

जलतरंग सुबह

पड़े रहते अनछुए प्याले
कई बार...
सुनता ख़ामोशी

प्यालों से उड़कर निकल रहे
पंछी चहचहाते...

जलतरंग सुबह–

देर तक बैठे रहे सुनने वाले
ऊबा न कोई

साफ़ किया सीना
दिमाग़ में जलायी आग
ख़ून किया हरा
भरी सोच में बिजली–

जलतरंग सुबह!

दो

हुआ ख़त्म
जलतरंग सुबह का सत्र
जब जागा–
निहारी, घिसटती एक दुनिया सामने

जलतरंग सुबह की यादें
देतीं दिलासा
बचा हुआ...

जब मिलती नहीं थी ख़बर
सोचती घिसटती दुनिया
हुआ क्या मेरा!

पता नहीं उन्हें
उतरती जलतरंग सुबह–नदी
हर सुबह
घर के सामने मेरे...

टूटना

नहीं, नहीं
नहीं, नहीं...

इसे लिखना था लाख बार
बचे दिन में

लिखना है लाख बार
बची शाम में

लिखना है लाख बार
बची रात में

आसमान में चक्कर लगाता स्वर–
'नहीं'

जैसे मृतक साथी के लिए
घूमता पंछी

हाथ से छूट कर
टूटते गिलास
प्यालियाँ
पलेटें

मर्तबान
केतलियाँ
कटोरियाँ

कितनी बार...

धँस

आदमी के बारे लिख–
मैंने लिखा

व्यक्ति नहीं

जैसे हाथ पकड़ सिखाती
तख़्ती लिखना माँ...

मैंने लिखा–
बात पहुँचे दूसरे तक
दिल में धँस जाये!

धूप-सुख

बैरागी के कमरे में झाँक आना
घोंसले में नन्हे पंछी को सहलाना

लाँघ कर तमाम पत्तियाँ
छज्जे पर उनींदी आँख छोटू का
मस्तक छूना अलस्सुबह

ढलती शाम
रेवड़ों के आगे–आगे
ठिकाने तक

खेत
पुल
मोड़
धुन्ध में से
गाड़ी के साथ–साथ

साफ़–शफ़्फ़ाफ़ शीशे पर चमकना...
रिआया पर पड़ना
सर्द सुबहों
फटेहाल रास्तों पर...

लय

जैसे पतली नहर झुरमुटों के बीच
सन्नाटे में गूँज
अँधेरे में साँस
साँस में हताशा
लौ में रौशनी
बाती में चलता तेल

जैसे दुख जो हर कहीं पर, कहीं नहीं
सुख जो हर कहीं पर, कहीं नहीं
आवाज़ों के आगे खड़ा मौन
रात पर फैली गन्ध
पसीने में नमक

जैसे दीवाल में कोंपल
अन्धड़ में धूल
धूप का प्रहार
धूप का दुलार...

शहर (एक)

धूप–पार अनाम चीख़ें
बारजे के सामने ख़ून–नदी

कितने ख़ंजर

आत्माएँ गिनतीं लाशें
ढूँढती अपना ठिकाना
गलियाँ
रास्ते ओस्विट्ज* के

लुप्त कहाँ हुए गिद्ध
मँडराते!

होते हथियार पैने
चलतीं मशीनें दिन–रात
शहर भर फैली घर्र–घर्र...

आसमान में डोलती चिड़िया
अब भी कुछ अच्छा तक़दीर–ए–शहर
गो शाम बदहवास

---

* पोलैंड का शहर। दूसरे विश्व–युद्ध के दौरान हिटलर की नाज़ी फ़ौजें यहाँ यहूदियों को गैस–चेम्बर में डालकर मरवाया करती थीं।

कुछ लोग जलाये आग
गरमाये दिल...

दूर कहीं रौशनी
टिमटिमाते तारों की मदद
दूर कहीं रौशनी

गहराती रात...

दोस्त

जैसे नदियों के किनारे पेड़
रेल–पटरियों के नीचे पत्थर
आसमाँ में नीलायी
आँख में चमक
सिक्के में खनक
ज़मीन की गहरायी
पहाड़ की उतरायी

जैसे रोटी में स्वाद
चूल्हे में आग
बन्दूक़ में गोली
तलवार की धार
आवाज़ में गमक

सदा बनी मुस्कान
सदा गरम ख़ून
सदा उगता सूरज

रात में ख़ामोशी
काला रंग चमड़ी

जैसे गरम दिन में चली ठण्डी हवा...

ख़ून

किसका हुआ ख़ून
ऐसी ख़ामोशी!

सड़कें हुईं ख़ंजर
जलता आसमान
हवाएँ नीली
गुज़रा कौन दरिन्दा

कैसा शोर!

शहर का परचम चिथड़े
खौलता ख़ून
जला दूँ शब्दों के तमाम पर्दे

यह नहीं सूरज तपिश
आग में शहर

लाओ बसन्ती बाना
अनगिनत नदियाँ कसमसातीं
धरती नीचे
नामुमकिन सहना

अनगिनत नदियाँ कुलबुलातीं–
रास्ता बनायेंगे
हर घर लायेंगे

धो डालेंगे सारा ख़ून...

शहर (दो)

बादलों ने धो डाला
शाम का आकाश

कुछ रौशनी के क़तरे
मँडराती आवारा गायें जैसे
दुलारती अपना माथा

फटी मेरी आत्मा

बारिश–भरे रस से
धरती–संग
रची गयी माया

लफ़्ज़ शहर से गाँव
चले बाज़ार से मुहल्ले

पल भर ठिठका संग्राम
दुश्मन–भेदिये भूले रास्ता
मासूमपन ढके सब कुछ

पल भर जागा शहर...

गिराना

युग अनिश्चित
वह भी

अनिश्चित युग में नहीं
बड़ा ख़तरा
उसके होने में था

उस जैसों के अनिश्चित
होने में प्रकट
युग का ख़तरा

युग के ख़तरे खोजना कठिन लत
जैसे बासी राख में से अंगार खोजना
माचिस की आख़िरी सीली तीली से
आग की आस
लेट होने पर
गाड़ी के लेट छूटने की आस

अनिश्चय एक दीमक खाई दीवार
शरीर के बोझ
हाथ के धक्के से गिर सकती

बहुत कमज़ोर
बहुत खोखली
हवा से गिर जाये शायद

अनिश्चय
लिए अनिर्णय साथ
जैसे खण्डहर–घर

लोग डरते पास गुज़रते–
चिल्लाने भर से
गिर जाये शायद

हम भी डरते
हवाले वक़्त के छोड़ देते
उसको गिराने का काम...

गढ़ना

आशा नहीं है पास
मैं आशाओं का कवि नहीं

टूट चुकी जो चीज़ें
फिर से नहीं जोड़ता उनको

नया गढ़ने में दिलचस्पी मेरी

वे तमाम
नया रचने में जिनकी दिलचस्पी
करें सराय की तरह इस्तेमाल
मेरा घर...

अत्राण

त्राण नहीं मेरी कविता–
मैं ख़ुद संत्रस्त

पीड़ितों के साथ मेरी कविता
पर वह नहीं त्राण..

लड़ता

लड़ रहा कोई
मैं उसके साथ

छोटा सा मेरा प्रण–
अकेला न समझे
लड़ता ख़ुद को
मैं भी हूँ

रात

रात के थके क़दमों की आवाज़
बड़ी साफ़
दिन के दरीचों से
कुछ नहीं मिला उसे
बड़ा साफ़

रात की ख़ामोशी
बड़ी साफ़
वह आप से नाराज़
बड़ा साफ़

दो

भेदभरी रात की चुप्पी
कुछ भी हो सकता है

जागते रहो!

तीन

अपने आप से बातें करती रात
उससे डरो
दूर रहो

चार

रात की पेशानी पे बल
चलो पूछें
माजरा है क्या...

वक़्त

कहा था
क्यों, कहा नहीं था क्या—
वक़्त आ गया

परिन्दों के पंख धोने का
शाख़ों का झुक के
नदियों के पानी छूने का
गिलासों, कटोरियों के चमकने
शर्बतों के घुलने
मदहोशियाँ छाने का

पर्दों के खुलने
दरवाज़ों के थपथपाने
हारमोनियम की धूल झाड़ने
उठके रातों को
किताबों के पन्ने पलटने
पलटनों के मार्च करने का
पल आ गया!

दूर गायों के रम्भाने
तितलियों के उड़ जाने
फिर बैठने का

अज़ान का
शंख का
गुरु की तेग़
बिरसा के तीर
दूर समुद्रों के उमड़–उमड़ आने का
वक़्त आ गया!

बुलाने का
पुकारने का
इशारों का
बसन्त की आहटों
लौट आने यादों के क़ाफ़िलों का

हमारे उठने का
पल आ गया!

तक़ाज़े

थकान भी थक गयी

पेड़ों में केवल मर्मर–स्वर
लौटती घरों को नीचे चींटियाँ
ठिठके अन्धेरे
डरी बिल्लियों की तरह
कहीं तैरती एक आवाज़
काग़ज़ की कश्ती की तरह

उभरी समय की सलवटें–
तक़ाज़े वक़्त के क्या हैं

अभी तक ठहरा पानी
दूबों के तले
पंछियों के रेले
आसमान से गुज़रते

तक़ाज़े वक़्त के क्या हैं
सलेटों पर लिखते बच्चे

पानी में सरसराती मछलियाँ
टीले पर डोलता फूल

निपट अकेली सड़क पर
लौटता कोई...

पिछले पानी*

हटे हुए पिछले पानी
चमकते

अकेले औ' चुप

जब मैं उन तक गया
वे पास आये

आँख में डूब गये
पिछले पानी अकेले
अपने पंछियों संग

सरकण्डों, झुकी घास संग
चमक संग

---

* पिछले पानी, अंग्रेज़ी में जिसे 'backwaters' कहा जाता है, अर्थात, किसी नदी, बहाव, झील या समुद्र का कई कारणों से इधर–उधर निचले इलाक़ों को मुड़ गया पानी, जो आगे अपना एक अलग रूप पा लेता है; यद्यपि, उसका मुख्य जलधारा से भी क्षीण या गहरा सम्बन्ध बना रहता है। चण्डीगढ़ में प्रसिद्ध सुखना झील के पिछली तरफ़, छोटे–छोटे तालाब जैसे बन गये हैं; जहाँ कोई आता–जाता नहीं है और शायद इस झील पर आने वालों में से अधिकतर को उनके अस्तित्व का पता भी नहीं है। सर्दी के दिनों में, यह प्रवासी पंछियों के निरापद निवास के लिए एक बेहतर जगह बन जाती है।

अपनी धूप, अपने सूरज संग
पिछले पानी समा गये प्यास में

अगले पानियों से हटे
धूप में, छाया में
न धूप औ' छाया में

बन्द किताब
ख़ामोश एक साज़
ठण्डा, ठहरा पानी
सरोवर की खोई बाँह जैसे

एक रतजगा वहाँ
कुछ तस्वीरें, कुछ असबाब–
घर कोई अपना
पिछले पानी...

दो

ले चल फिर
पिछले पानियों की ओर–

बिन–संगी, अकेले, चुप

तपती होगी घास
चमकते धूल–रास्ते
इन्तज़ार आवाज़ की
नाव की
मन की!

छायाओं में चमकती होंगी चोंचें
ठहरे जलपक्षी
दूर रम्भाती नीलगायें
चमकते दुबके पंख
हुस्न अपने से बेख़बर
चमकते होंगे सरकण्डे!

चमकती होगी आँख
बेगाने घर में
क़तरा ख़ुशी का–
कौन पंछी नहीं लौटेगा

चमकती होगी काई
सांस
लट बालों की
सलवट आँचल की

डूब जायेगा
उतरायेगा पहर
पिछले पानियों में...

दरवाज़े

नष्ट न करो हिन्दी
हम बचाने आये थे तुम्हें ही
हमारे फटे कपड़े देख
रास्ते में काँटे किसने लगाये
तू ही बता
तूने तो नहीं

पहले ही थे नष्ट होने के कगार पर
तेरी ओर आये
नष्ट होता
दूसरे नष्ट होते के पास आता–
बचाती नहीं क्यों
नष्ट नहीं करती जो तुम!

दो

निकल अपनी भीड़ से
कुछ सवालों के जवाब दे
ले कुछ के जवाब
न बैठ सिर पर
अपने गहनों के बोझ साथ
ले जा अपनी टोकरी भरी
कुछ ना खरीदूँगा

तीन

नष्ट न करो हमें
हम ही हिन्दी
बाक़ी सब मुहावरे
माथे की बिन्दी

किया हिन्दी ने फ़ैसला
चुप रहेगी वह
सब देखेगी
चुप रहेगी ज़्यादा!

चार

जीते हिन्दी–हिन्दी वाले
जीते बिन्दी–बिन्दी वाले
हिन्दी में खोजने वाले हारे
वे गढ़ेंगे अलग हिन्दी अपनी
बनाएँ कुटिया साधु जैसे
शहरों के बाहर!

पाँच

लूट ले गये हिन्दी, हिन्दी वाले
कितनी भगदड़
छूटी चप्पलें
छूटे थैले
छूटे सामान...

छह

हिन्दी से बाहर हमारे लफ़्ज़
हिन्दी में लिखे गो कि

मुड़ कर देखते
कानों ने ठीक सुना
बन्द हुए हिन्दी के दरवाज़े...

•

शहर (तीन)

उन्हीं रास्तों पर फिर
खलिहानों के बीच
लाँघते पुल
बच्चे, लड़के, लड़कियाँ मिले चलते

कोई याद
मासूमियत देती राहत

हमारे जेलख़ाने शहर
वहीं लौटते
खोने कविता
विशाल गद्य–प्रपंच से भागते
वे हर जगह पीछे

ज़िन्दगी बुरी एक लड़ाई...

सुरंग

बचपन तक एक अन्धेरी सुरंग...

वहीं भटके पाँव
आये इधर
वहीं रहीं चप्पलें, बस्ता, तख़्ती

सुरंग पार आवाज़ें
क़दमों की हलचल
इन्तज़ार वहाँ
एक आस

बादल उमड़ते
चमकाते धूल–अटी सुरंग...

अनहारा

रौंदते मासूमपन
वे चारों ओर

बहुत कम लोग
लड़ाई में

कोई भूखण्ड
उनकी भूख से बाहर
इरादों से अनहारा?

उठते–बैठते, भटकते
यात्राओं पर
ढूँढते रहते हम
बचाने का विज्ञान...

पंखवाले घोड़े

बिजलियाँ कौंधती
अँधड़–बरसातों बीच
उगता सूरज

हज़ारों पंखवाले घोड़ों संग
उड़ चला मैं उधर
पीछे लाखों लोग
उठे हाथ
पैदा होता नाद, भरते प्राण!

पंखवाले घोड़ों संग
उड़ता चला जाता
उगते सूरज ओर...

धूप-धूप

धूप ने पीछा किया
लगातार
मुझे सिया

पुचकारा, बहलाया
सँवारा
ओढ़ा दिया अपना कम्बल

ओ धूप, ओ धूप!
मैं गाया...
धूप ने मुझे पाया

दो

धूप पलटी, उठी निगाह
मुझे पुकारा

थम गया पल
थम गयी धूल उठती
थम गये गिरे पत्ते सरसराते
थम गये हम

धूप पलटी, बोली–
'यह दिन तुम्हारा
शाम से बोलूँगी
रात तुम्हारी'

धूप ने पुकारा
सबको
धूप ने पुकारा...

कौन नहीं हमारा!

तीन

धूप ने भेड़े किवाड़
हरे–नीले
धूप ने चलायी कंघी
पीले बालों में अपने
धूप से छूट गयी
फूट गयी गगरी

धूप ने डाला झूला
धूप को मिल गया दर्पण भूला
धूप ने चुन डाले दिन–तिनके
धूप ने बुहार दिये पथ सारे

मन को लील गयी
धूप की झील नयी

चार

खोया सो खोया
हमने धूप को पाया

धूप–झील भीतर
अपना अक्स गँवाया...

धूप–रूप
किसने पाया

धूप–नदी
अपना फूल सिराया...

धूप–फूल
शहर–गाँव बँटवाया
धूप–धर्म निभाया...

पाँच

'रंग दे धूप, बसंती'
कोई बोला

कव्वा एक पुकारा–
'धूप! रंग बसंती'
चिड़िया एक चिल्लायी–
'ऐ धूप! बसंती!'

ओट में सुनता वसंत
संत

गाया—
'धूप, मैं तेरा बसंती'

धूप शरमायी—
'तू मेरा बसंती!'

धूप ने कितना क्या चटकाया...

छह

थकी धूप जब
उसे पास बिठाया
ख़ूब बतियाया

थकी धूप जब
मन नहीं थका था

सुनी उसकी साँसें
बूझी बातें
गीत उसका गाया...

थकना उसका
क्या थकना!

उसका थकना
थमना नहीं था

फिर घिरेगी धूप
उसकी बदली छायेगी
बरसेगी

चीज़ें बदलेंगी
वह नहीं

सात

धूप चुप
सब चुप

नीलगायें चुप
टिटहरी चुप
खोमचे चुप

जो सब चुप
वे बोले–
'धूप चुप
सब चुप!'

नदी नहीं पर चुप
बोली–
'सब चुप, मैं नहीं
मैं पानी
बोल सदा भीतर...

मैं जल
भीतर रहती हलचल
मैं पानी
शोर है भीतर...!'

सब चुप
बतियाते रहते पानी!

आठ

धूप–किताब खुली
भली खुली
मन–भीतर

तन–भीतर सूरज उगे
धूप–किताब टिकी
मन–मुण्डेर
भली टिकी
भली पढ़ी
पहली धूप–किताब

फड़फड़ाएँ पन्ने
धूप–किताब उड़ी
डाल–डाल
धूप–किताब
हर चौखट पड़ी

पाया उसको किसी गली
नज़र पड़ी
भली पड़ी
सिरचढ़ी धूप–किताब

सिरहाने धूप–किताब
जब सोया
सपने–सपने अड़ी
भली अड़ी
धूप–किताब पीछे पड़ी

भली पड़ी

नौ

धूप कर गयी सराबोर
दिया हुलारा
हर ओर...

दिया पाट घर हमारा
तुम्हारा
चौंका घाट
सिहरा दरवाज़ा
पगलाया बाज़ार
हुआ शोर...

धूप बाँटे प्यार
हम पायें
धूप गाये गीत
हम दुहराएँ–
'और'

बुझा धूप–दिया
मन हिला
होगा यह सिलसिला
फिर उड़ेगी धूप–पतंग
चढ़ेगी डोर...

व्यापक

हर किसी ने नहीं देखा
व्यापक जल
देखा है व्यापक दुख...

ऐसा मान सकते हैं
मान सकने के कारण हैं
कारण सुचिन्तित हैं
दर्ज हैं

बहुजन ने नहीं देखा
व्यापक आकाश
व्यापक विश्वास

बहुतों ने देखा है
अचिन्तित विश्वास
व्यापक जल की तरह फैला...

छुई-मुई

खुशक़िस्मती है इक सुई
भूसे में खोई सुई

जैसे शब्द की तुक
सुई की तुक छुई–मुई

कैसे निभायें
छुई–मुई ख़ुशक़िस्मती से
आप बताएँ!

आवारा

नहीं देखा कोई आवारा
इस शहर में

लुटेरे देखे
देखे उनके शिकार...

अरसे से नहीं देखे आवारा
नहीं सुना वह गीत–
'आवारा हूँ...'
इस शहर में

चिना

यह कैसा युग
सम्भव नहीं कविता
दुख के बिना
हिन्दी में

लोगों से ज़्यादा
सुख की खोज में कविता

यन्त्रणा से चिना
कविता का शानदार महल

आओ

पहाड़ों को एक निमन्त्रण
बदक़िस्मत मैदानों से
ख़त्म हुए जिनके रहस्य

दूसरी ही दुनिया यह
देख जाओ
अपने नदी–नालों के हाल

आओ! वन–संकुल
बुलाएँ तुम्हें जन–संकुल...

प्रताप

सुबह का प्रताप
चारदीवारियों, जालियों
दीवारों के आगे–आगे...

प्रतापी राजाओं की तरह
सुबह का प्रताप

हमारी सब सुबहों में

भूसा

दुर्बलता के कारण
खोजना कठिन
सफलता के साधन

भूसे के लिए नहीं कठिन
खोजना आग
आग के लिए भूसा

कहते सुना–
दिमाग़ों में भरा भूसा
सोचते रहते यह सब

जीवन नहीं सोचना
जीवन सुबह की चाय
जिसमें अपनी पसन्द का दूध
अपनी पसन्द की शक्कर...

आम

लोकतन्त्र में वैसे ही आम लोग
जैसे फलों में आम

उनकी भी होती हैं क़िस्में
अलग स्वाद
बिकने की नियति
मोलभाव

बड़ी आमफ़हम बात–
लोकतन्त्र में नेता
प्रेम से, चाव से
आम ही की तरह
लोगों को...!

आम–के–आम और गुठलियों के दाम
रिश्ता क्या मुहावरे का लोकतन्त्र से–

देखते रहिए
हमारी अगली कविताएँ...!

धूपें (तीन)

वे धूपें, वो धूपें
हमारे बग़ीचों की धूपें
पानियों पर चमचमातीं
बालों को धोतीं
रस्सियों की सलवटों को फाँदतीं
पत्तियों में फिर छुपीं
धूपें तुम्हारे पास
गोद में लिए

वो बरसातियाँ, वो धूपें
फैले पैर
हैरान पलकें
भिंची मुट्ठियाँ
छज्जों की मुंडेरों पर ठहरीं धूपें
गलियों में झाँकती...

हमारे पिछवाड़े की धूपें
सहेजती छायाएँ
थपथपाती पीठ...

कुछ धूपें आवारा
कुछ घने जंगलों में
कुछ धूपें नदियों की रेत पर
कुछ खण्डहरों पर
सारे शहर पर सूखती चूनर जैसे
घर लौटते बच्चों के टिफ़िन चमकातीं
धूपें
धूपें
गाते हैं कव्वे
काली मुँडेरों के पैरों में धूपें...!

भैंसों के थनों पर
गोबर के ढेर पर मण्डरातीं
बचे रह गये टाँगे के पहिये पर

धूपें हैं कि आईने पचासों
खुलते सफ़ेद थान
जलती करोड़ों मोमबत्तियाँ
धूपें मीनारों पर
तोपों की क़तारों पर धूपें
मोड़ खाती सड़कों पर
बेनाम टीलों पर
पंछियों के परों से ढल गयी धूपें
उड़ते पतझड़ी पत्तों पर
खुले रौशनदान में झाँकतीं...

धूप नहीं, धूपें
सुलगती रहतीं

बुदबुदाती रहतीं
यादों की किताब में
तितलियों की तरह
मैदानों के रंग उघाड़तीं
पहाड़ी कंगूरों पर लेटीं
दौड़ते बाघ के पुट्ठों पर धूपें...

अरे धूपें, वही धूपें
हाय धूपें!

ओ री धूपें!

धूपों ने बाँचा
सायों का मन
धूपों ने धोया
रेत का तन
धूपों ने सुने
चींटियों के गान

धूपें, तेरी भौंहों औ' पेशानी पर
तेरे शहर की दुकानों पर
तेरे भाई के खेतों पर
तेरे बचपन की गुल्लक पर
तेरे ख़्याल की ख़ूबसूरती की बग़ल में
धूपें, हमारी देहरियों पर...

'...ओ मेरे आदर्शवादी मन
ओ मेरे सिद्धान्तवादी मन
अब तक क्या किया...?'

धूपें मुक्तिबोध की सतरों पर...

ये धूपें, वे धूपें
रंग–बिरंगी धूपें
हमें मिलीं कहाँ–कहाँ

वहीं धूपें हमारे आकाशों पर
हमारे हौसलों
औ' बुख़ारों पर...

वही धूपें, बीज की तरह धँसी
हमारी आत्माओं में हमेशा...

कोई क्यों, तुम ही कहो श्यामला

काश, काग़ज़ कटोरी होता
क़लम पनाली

तमाम बूँदें बारिश की भर लेता
उपहार में देता उसे तुम्हें

कोई मुझे बारिशों का बेटा कहे

कोई क्यों
तुम ही कहो
तुम ही कहो
श्यामला!

होती जब बारिश
पेड़ों के बीच मैं जा बैठता
बन एक पेड़

काश!
मैं उतना भीगता
जितना भीगते ये पेड़...

आगे भी मैं उतना भीगता
जितना भीगते ये पेड़...

काश! मैं एक जादूगर होता–
रुकने लगतीं जब बारिशें
मैं चिल्लाता–
'नहीं नहीं
अभी बरसो
और बरसो!'

हवा में लहरता छड़ी
हो जाती फिर शुरू बारिशें...

कहीं बातें कर रहे होंगे बादल

कहीं इकट्ठा हो रहे बादल
मद्धिम आवाज़ें बताती हैं

वे चल पड़े हैं
पेड़ों की फुनगियों को ध्यान से देखो
उन्हें पता है कहीं चल चुके हैं बादल
देखो पत्तियों का भराव
हल्की थरथराहट...

दरवाज़ा खोलो ज़रा, बाहर आओ–
घास तन गयी है
एक आदमी ही हैं बेख़बर
कहीं बातें कर रहे हैं बादल...!

अभी ज़ोर से लहरायी थीं शाखें
तुमने देखा
कुछ और हुआ है
ज़रूर हवा भी लहरायी होगी
ज़रूर कुछ हुआ है
काफ़ी कुछ हो रहा है इस समय
सब देख नहीं पाता

बूँदें आयेंगी
कोई कहे बूँदें ज़रूर आयेंगी
आज कुछ मोटी बूँदें चाहिए
अठन्नियों, रुपयों जैसी
औ' कौन लूटेगा मेरे सिवा
और कोई होगा
खुशी होगी मुझे

इन्तज़ार में बैठा हूँ
झोली फैलाये

दूर कहीं बादल घुमड़ रहे हैं
तय है इतना...

धारा! मैंने ही देखा किनारा

वह नहर का किनारा....

बहती रहती थी धारा
ज़्यादा पर प्यारा था
किनारा

वह दूब किनारे की...
दूब क्या घास
वही घास थी पहली
परिचय की, मटमैली
कुचली और पानी में बहती
किसी दूर किनारे की...

धारा
नहीं किनारा

उसकी घास
घास के चींटे
मेड़ की मिट्टी
थोड़ी काई
थोड़ा गोबर

धारा!
मैंने ही देखा तेरा किनारा
भीड़ से दूर, धूसर

याद हैं अभी भी
भैसों और गायों के खुर
चमके हुए वहाँ...

आज फिर बारिश

फिर बारिश
फिर वही हल्के अँधेरे
कामना मेरी
सदा मुझे घेरें

आशा मेरी
नाव तिराते होंगे बच्चे
अब भी
कहीं...

वे नदियाँ
नहरें
टूटने वाले नाले
अब भी बहते होंगे वहीं

आज फिर बारिश
जीत गया आज का दिन
आज फिर भीगेगा मन
आज फिर आयेगी साँस
झूठी नहीं थी आस
झूठी नहीं थी आस
पुकारूँगा...

अभी निकलूँ, देखूँ, सब हरा
आज चलूँ, गिन लूँ, तमाम पत्ते

कुछ करूँ
कुछ करूँ
आज कुछ करूँ...

अभी देखूँगा पर गिरती बून्दें
अहा!
आज फिर बारिश...

कब सोचा था

कब सोचा था
दुख एक दवात होगी
अनुभव क़लम
कविता पहले सबक़

बन्दिशें बन्दिश बन कर
शब्दों में घुल जायेंगी
राहतें
चाहतों में बदल जायेंगी
हँसी में
हसरतें उड़ जायेंगी

एक कॉपी
एक पेन
जंगलों में बैठ कर
शहरों की कथाएँ लिखेंगे
कब सोचा था...

हर रोज़
किसी न किसी मोटर के नीचे
आया है हमारा कोई हिस्सा

नावों में बैठे तो कुछ हम में से कूदा
औ' जल में समा गया

बटुए से अक्सर निकलते रहे कम सिक्के
घड़ियों में सदा रहा कोई दोष
हारमोनियम पर जमती रही धूल
गुल्लकें वक़्त पड़ने पर नहीं मिलीं
सर्दियों में जब निकाले गर्म कपड़े
अनधोये पड़े थे

जूस निकालने की मशीन धरी रह गयी
फ़्रिज में पड़ी बर्फ़ का इस्तेमाल नहीं हुआ
खोती रहीं बूट–पालिश की डिब्बियाँ

तय था
हमें शुरू करना था वहाँ से
पानी के नल के लिए
प्रार्थना–पत्र जहाँ लम्बित था
हमें सीखनी थी साइकिल चलानी
रटने थे राजधानियों के नाम
हिन्दी सीखनी थी
अंग्रेज़ी के लिए इन्तज़ार करना था

कब सोचा था
शायरी करेंगे
औ' उसमें नहीं देखेंगे अपना चेहरा

कब सोचा था
शायरी करेंगे
औ' मुजरिम क़रार दिये जायेंगे...

नवम्बर के पत्ते

नवम्बर के पत्ते आ गये
नवम्बर की ठण्ड के साथ
नवम्बर के पत्ते आ गये उनके लिए
जिनके लिए उन्हें आना था

क्या वे हमारी स्मृतियों से आये हैं
या सपनों में से
क्या वे हमारी भूख से निकले हैं
या नींद से

और क्या–क्या उनके साथ आया
आओ गिनाएँ...

इन पत्तों में बचा हुआ एक रंग है–
दरअसल बात नवम्बर की धूप की भी होनी चाहिए
जो सबसे ज़्यादा नवम्बर के पत्तों पर पड़ती है
औ' हवा की भी
जो केवल इन्हीं पत्तों को छूती है

इन पत्तों को देख–देख
न जाने किन पत्तों की याद आती है
उन पत्तों की याद
याद जो भूल न पाती है

नवम्बर के पत्ते
क्या जाने मुझे जानते भी हैं या नहीं!

हज़ारों पत्ते
अपने को पहचानते हुए
लाखों पत्ते
एक दूसरे के साथ–साथ

कोई उन्हें देखता है
कोई उन्हें देखता है
क्या कोई और है जो उन्हें देखता है

क्या कोई और होगा
जो उन्हें देखेगा

दिसम्बर की गली खुलेगी
नवम्बर के पत्ते उसमें चले जायेंगे
कभी भी लौट कर न आने के लिए...!

दिसम्बरी

ओह, यह शाम दिसम्बरी...

मैली कुछ, फैली, ढली मुस्कान
मेरे माथे पर ठहरी
एक निहायत शाम

ख़ामोशियों की गलियों को तकती
सीती हुई–सी वक़्त के पैबन्द
सधी और कुछ डरी

यह शाम दिसम्बरी, ठण्डे पंजे फैलाये
ख़ुश्क होठों, नम आँखों से
चीरती, सिमट जाये

दो

आह, वह सुबह दिसम्बरी, पीली
बुझी ज्योत, हठी, पीली
नंगे पैर, बिन नहाये, पीली
ढूँढती धूप की झूठी पत्तल, पीली
ओढ़े मैला कम्बल अपना
सड़क पर खिसियायी, पीली...

तीन

यह धूप दिसम्बरी सिरहाने खड़ी
ममतामयी, अकेली

पहली याद, छोटे–छोटे पैर
रच कर अपनी देह, फिर खड़ी
हँस कर और खड़ी
फैल कर दिन के तवे पर, हँसी
भगा कर झुण्ड चिड़ियों के, हँसी
खण्डहरों में खेलती, हँसी...

चार

रात दिसम्बरी, एक उखड़ा नाख़ून
स्याही में मिला ख़ून
पेशानी के मटियाले रास्ते से गुज़रते घुड़सवार
धीमे–धीमे उगता ठहराव
सन्नाटे का पत्थर लुढ़कता हुआ...

फिर बजाया धूप-गिटार

सुनता हूँ धूप का गीत
मुझे मत बुलाओ
मत सुनाओ
और कोई गीत

थकी एक राह पर
जब भी बजा धूप--गीत
मैंने परचम लहराया
खुद को गाया

हवा में लहराये हाथ
रचा चेहरा
औ' उसको थपथपाया

रातों में जाग कर
मैंने फिर बजाया धूप–गिटार

मैं वहीं
वहीं लौट आया
उसको अपने पास पाया
अपने–आप

सपने जैसा था–
बीजता हूँ धूप के धान

सपने जैसा है–
सुनता धूप–गान निसदिन...

शाम (एक)

आकाश में बहती नदी
पेड़ों पर बसे मकान
सड़कें खुले थान...

मैदान में बची–खुची मनुष्यता
आवाज़–धुआँ...

हथेलियों से फिसलती रेत
आँख से रौशनी

ईश्वर दुबक गया
देवालयों पर भारी जमघट

मरहम–पट्टी की तरह खुली अन्तिम धूप

ज़िन्दगी किताबी
कैमरा औ' सूचना जीवन–मर्म...

नयी माँ छज्जे पर खड़ी
दुआ में उठते उसके हाथ!

सपने

भरी नदियों के सपने
पकी फ़सलों के सपने
शफ़्फ़ाफ़ क़मीज़ों के सपने

सजा हुआ खाना
मेले में खोये भाई जैसी
नींद का सपना

सपने हमारे
काम आये उनके
सपनों में हमारी कमियाँ
वे हुए कामयाब!

जंगल–आग हमारे सपने
उन्हें ख़ौफ़
पीड़ितों से घबराये
उड़ी रहती नींद

मुड़ गया रातों की ओर
अँधेरों की ओर
उनकी राहत

मीनारें ही मीनारें उनके सपनों में
लोग नहीं
दिन–रात खोये रहते

यही हमारा बुरा सपना

और सपना–
बरसात में नंगे बदन...

हाँफ

अब नहीं कुदरत
मेरा फैलाव

मेरी बाँह
आँख
साँस
आस
सपन

मेरी चीख़
थमा आँसू
रुकी मुस्कान
मेरा गान
मेरी नींद

नहीं मेरा रहस्य

शहर है–

विधानसभा
न्यायपालिका

सचिवालय
योजना भवन
संविधान
शिखर वार्ता
सजीव प्रसारण
एक्सप्रेस राजमार्ग
एटमी केन्द्र
वीडियो कान्फ्रेंस
सीसीटीवी
एडिटर–इन–चीफ़
कमाण्डर–इन–चीफ़ ...

हरी अनन्त हरी कथा अनन्ता...

सूरज निकले
निकले भीड़–
रहस्य के नट–बोल्ट!

प्रॉजेक्ट रिपोर्ट
गोपनीय फ़ाइलें
सैलरी–पैकिज़
इवेंट मेनेजमेंट
व्यापार–मेले
नये सॉफ्टवेयर

मेराडोना के प्रेम
करिश्मा का तलाक़
राखी का चुम्बन

सहवाग की फ़ार्म
दाऊद का क़िस्सा
राहुल–भेद...

शहर–चौक पर हुजूम
ख़ुशी–तत्पर

हाँफते कुछ लोग इधर
ग्लोब भर में गूँजती हाँफ!

शाम (दो)

सूखती चूनर आसमान
शाम की मुट्ठी में धूप
रात के ठहराव की तैयारी

निकले रौशनी–परिन्दे
उठते बिसरे गीत
यादों में कलाइयाँ

बदलियों ने लिख दी
मिटने वाली इबारत

कौन?
उभरी एक आवाज़

लौटती आवाज़–गाएँ...

निशान पोंछने का वक़्त आया–
रात पानी का बड़ा रेला
लपेटता तमाम चीज़ें

हर शाम एक तस्वीर
पुलओवर पर बनी

बुनते कौन हाथ

आसमान से लटकीं
बून्दों की रस्सियाँ
धुन्ध–तश्तरी

बेशक्ल इच्छाएँ

शाम का जुलूस निकलता जाता...

चीत्कार

मृत्यु पत्र नहीं लिखती अब
टेलीफ़ोन से करती बात...

सरकण्डे पार करते जलपक्षी
नदी–तट पत्थरों की सभा
सूनापन अकेला आज
उदास घास
तीखी धूप, लथपथ पानी
बहते झाड़–झँखाड़...

वही पाप–बोध
बहिष्कृतों का वही बहिष्कार
वही उठती अजन्मे
स्वप्न से चीत्कार, घरों से धुआँ...!

उजलापन

साफ़ सच्चाई की तरह धूप–
बरसात के अगले दिन की धूप

साफ़ उफनती इच्छा की तरह
वही दिखा रही
शेष सब कुछ साफ़...

घास
दरख़्त
बाड़
दीवार
आसमान
कबूतरी

नयी दुनिया के ख़्याल की तरह

एक उजलापन यह
कालिख भरी दुनिया में
अनोखा उजलापन
बरसात के बाद इस दिन

देखता गिन–गिन...

थाप

दिन मार्च के अन्तिम

मृदंग–दोपहर

पड़ने लगीं पहली थापें...

माँ

ज़रा बताओ
रोज़नामचा से ज़्यादा क्या
मेरी कविता

मिट्टी से पूछते–
पीली घास से अधिक क्या
यह जीवन...

सब धारण करती माँ
ज़रा बता...!

मौसम

रात–फूल खिलता

यह रात–फूल
खिलने का मौसम...

मैदान

दिन एक और चाहिए
जाती फरवरी का मेघीला दिन

घास–मैदान बीच से रास्ता
जाता औ' फिर मुड़ता..

बर्तन से लगे भोजन की तरह
खुरचता और एक इच्छा

मेघीले एक दिन की छाया
फरवरी के मैदानों पर...

तक

चींटियों के पीछे
उनके घर तक
परिन्दों के पीछे
उनके आसमान तक
स्त्रियों के पीछे
उनके सपनों तक
गया...

शमशीर

आवाज़ों की पकी फ़सल
जब जागा

बरसता आवाज़ों का पानी
जब जागा

फहराती आवाज़ों की झण्डियाँ

शहर भर घूमती
आवाज़ की शमशीर..

जब जागा!

बरस

मेरे दिन क्या आयेंगे

इतने पेड़ जो भीतर मेरे
ख़ाली पड़ी ज़मीन
ढक पायेंगे

नदियों में इतनी रेत
नन्हे हाथ
निकाल पायेंगे

मेरे दिन क्या आयेंगे
काटे इतने बरस–
कि दिन आयेंगे...

सँवारा

वे डालियाँ झुकीं
राहें वे जिन पर झुकीं

वे क़दम उन राहों पर
जिन पर डालियाँ झुकीं

वे सपने तपते हुए
सहेजा जिन्हें
किये जतन जिनके लिए

सँवारा, दुलारा...

नज़र

लड़के चिल्लाते
चिल्लाहट बाण की तरह
ढलती शाम को चीर जाती

लड़के चिल्लाते
समझ नहीं आते

छायी ख़ामोशी
रात–स्याही पर चिपकी
चिल्लाहट, याद बन

रेलगाड़ी की तरह बढ़ी रात
मुसाफ़िर तारे
इंजन चाँद

बढ़ती गयी वह
लाँघ पूरा एक संसार
पहुँची पहली सुबह के स्टेशन

उतरे मुसाफ़िर
ख़त्म हुआ सफ़र

चमकी दिन–स्क्रीन
नज़र आये उसमें
और लड़के...

जनवरी

धूप ने मैदान मारा

मार तू भी मन्तर
भीड़ में हो जा अलोप
उड़ा दे बिल्डिंगें बड़ी–बड़ी सारी
बना हवाओं का रास्ता
धूप के लिए बड़ा मैदान
हरी घास के लिए बना
बहुत जगह, सुरमई दुनिया अन्दर

तू भी मार
धूप ने मार लिया जैसे मैदान
धुन्ध को लताड़ा

देखो जिधर, धूप ही धूप
सुस्ताती कुतियाँ, बचड़ों के साथ
करती धन्यवाद
जनवरी में गाती चिड़िया...

चहकती लड़कियाँ पार करतीं
धूप–मैदान
क्रिकेट खेलते लड़के

मुल्क पर चर्चाते बाबू
मूँगफली खाते

शहर में रख कर
शहर जित्ती अँगीठी
आराम से ख़ुदा
आकस्मिक अवकाश पर

लगे रहो प्रभु!
तुम्हारी तेज़–तर्रार बेटी धूप
मारा उसने मैदान

छोटे–बड़े कवि सब
ठूँस थैलों में नोट–बुकें
जंगलों की ओर चले
धूप का बेहतर मुआयना करने

शहर आने को उनके साथ
कपड़े बदल रहे जंगल
सँवारते बाल
कस रहे जूते...

सूखते कपड़े

सूखते कपड़े बयान कर सकेंगे
हमारे खोये समय
रास्तों के छूट गये पेड़
बादल
गुम्बद मन्दिरों के औ' मस्जिदों की मीनारें

सूखते कपड़े समेटे कुछ भीगी कामनाएँ
सूखते कपड़ों में दिल चिलकता है
सूरज की तरह
सूखते कपड़ों को देखकर लौट आते हैं
रंगों, पंछियों, तितलियों की पहचान के मौक़े...

पता पड़ता कि हो सकते हैं सूखने के कई मतलब
हमारी ज़िन्दगी में है उनकी जगह बड़ी
कपड़े सूखने की तस्वीर ज़ेहन में
उड़ती पतंग की तरह है

मैल से हमारी लड़ाई के नज़दीकी गवाह हैं
सूखते कपड़े
फहराते हवा में
वे कभी विजयी झण्डों से हैं
चहचहाती चिड़ियों
खिलखिलाते बच्चों से हैं

बदलियों के इस दिन
सूखते कपड़ो, सूखो!
सूखना ज़रूरी है
सूखना जीतना भी है
सूखना हराना भी है...!

सँजोयी जायेंगी
सूखते कपड़ों से जुड़ी तमाम यादें..
कंचों–सी
झूलते पत्तों
भागते हिरणों–सी
सूखते कपड़ों को देखना रंगों को जानना था
रंग हमारे
ज़िन्दगी के साथ
दिन औ' शामें
हमारी देहों के गीत–
धुलना, थकना औ' फिर बदलना

हमारे साथ धुन की तरह
तारों पर सूखते कपड़े
हाथों में हाथ डाले
पीते धूप को रस की तरह

उनके सूखने पर
सूँघ सकते हैं
दुर्लभ एक गन्ध
बेमिसाल महक
जिसकी तलाश

छू पायेंगे एक कड़ापन
सूखा कपड़ा पकी रोटी की तरह!

सूखते कपड़े खोल देते हैं
घरों के क़ायम रहने के राज़
रसोइयों में उबलती दालें
चाय से उठती भापें
शरीर के संग ज़मीर, एक आत्मा...

कपड़े सूखते तो जानिये
जारी है एक जंग
हौसले बुलन्द
विश्वास नहीं सूखे
इरादे तने
जैसे तनी कपड़े सुखाने की तारें
कपड़े सूखते जाते
तैयारियाँ होती रहतीं
क़ाफ़िले निकलते रहते
ठिकानों पर
लोग लौटते रहते हैं...

कपड़ों के सूखने औ' तहा कर रखने के बीच
वे पल
सूखना जब लय में ढलता है
कपड़े बदलते साज़ों में
देहें झूमने–गाने लगतीं
टिमटिमाते तारों भरे आकाश की तरह
कपड़े हमें ढक लेते हैं!

सूखते कपड़ों के अपने क़िस्से
कथाएँ औ' मतलब हैं–
बरखा की झड़ी में
ढूँढ लाते सूखने के ढंग
छायी होती जब गहरी धुन्ध.
सूखना होता उन्हें हर हाल

बच्चे नहीं जायेंगे स्कूल
चलेंगे नहीं दफ़्तर
ख़त्म होगा रोबदाब
यदि वे नहीं सूखेंगे
सिंहासन हिल जायेंगे
फीकी पड़ जायेंगी सलामियाँ
अगर वे नहीं सूखेंगे

छुटपन की निक्करों औ' क़मीज़ों के
सूखने के सपने
शरारों, चुनरियों, लहंगों के
सूखने के सपने आते रहते हैं...
वर्दियाँ सूखतीं
पर्दे औ' क़नातें
रुमाल औ' मेज़पोश
तौलिये औ' ग़िलाफ़
मोज़े औ' नेकटाइयाँ
पगड़ियाँ औ' धोतियाँ
पतलूनें औ' स्कार्फ़
सूखते जाते, धीमे औ' तेज़
सूखना उनका ज़िन्दगी का रंगारंग मेला

क़तारें सूखते कपड़ों की
मानो बैठे पंछी शाख़ों पर
छज्जों पर खड़े लोग
दीवारों पर लगे इश्तिहार
मानो त्योहारी बन्दनवार!

सूखते कपड़े कितना हरियाये भीतर
फूल पर जमी ओस बूँद
मानो अँधेरे में चमकते जुगनूँ

ओ रे !
सूखते कपड़ों के संग
जुड़ी तमाम यादें धूप–रंगों की
मानो लटके पिक्चर–पोस्टकार्ड
खिली फुलवारियाँ
चमकते नये सिक्के!

सन्देशे उजले दिनों के सूखते कपड़े
नये कल की झिलमिल उनमें
हरारत
एक इशारा
धधकती आग
बुलावा
एक नदी उनमें बहती जाती है...

क़था लिखी
एक तलाश
कौंध जाती हैं बिजलियाँ

सुर–लहरियाँ
जलते सूरज कई साथ–साथ...

याद रहेंगे
सूखते कपड़ों में मिले हमारे अक्स
पुरखों के गर्म हाथ
हमारी सन्तानों के खिलौने...!

किरणों को सलाम

सुबह जो हो गयी है
उसकी पहली किरणों को सलाम...

देर से ही सही
उनकी स्मृति को सलाम .
तमाम ऐसी स्मृतियों को सलाम, आज

अम्बार लगा है–
तमाम ऐसी यादें
तितलियों की तरह इकट्ठी की
कंचों की तरह
पतंग की रीलों की तरह
चुराये गये सिक्कों की तरह
छवियों की तरह, स्त्री–चेहरों की...

पहली किरणें पहली बार
तब देखी थीं
पहली बार, फूल–सी इच्छाएँ जब जागी थीं
आग–सी इच्छाएँ जब जागी थीं
नदी–सी इच्छाएँ जब जागी थीं
नमक–सी इच्छाएँ जब जागी थीं

जितने मेरी ज़िन्दगी के दिन
देखे उतने सूरज
बरसाती दिनों में भी
देखे सूरज
नींद में भी
उगी देखीं पहली किरणें
जितने मेरे दिन
उतने सूरज
उतनी सुबहें, उतनी यादें पहली किरणों की

चिपका ना दूँ क्या
इस कविता को अपने घर के बाहर
किरणों के लिए..!

धूप के संस्करण

धूप के कई संस्करण हैं*
अभी सुबह के संस्करण में व्यस्त हूँ...

मेरा पड़ोसी मल–मल के नहाता है
मेरी बीवी हींग रगड़ रही है
मेरा बच्चा जूते के फ़ीते बाँध रहा है
मैं धूप का सुबह–संस्करण पढ़ रहा हूँ
मेरी पत्नी कहती है निकम्मे हैं आप

जून के एक दिन
मैं धूप का दोपहर का संस्करण
पढ़ते पाया गया
एक दिन क्यों कई दिन
पड़ोसी के पड़ोसी ने कहा–
'दिमाग़ ढीला है इसका
जून में लू की परवाह नहीं करता'
'दिमाग़ उसका ढीला है'
पड़ोसी ने रूहअफ़्ज़ा पेश करते
किसी और तरीक़े से बताया
उसकी अपनी नज़र में रूहअफ़्ज़ा** जैसा तरीक़ा

---

* रघुवीर सहाय की स्मृति में। उनकी कविता–पंक्ति है : 'मन में पानी के अनेक संस्मरण हैं।'

** शीतल पेय का एक लोकप्रिय देसी ब्रांड।

मेरा असली ज़ोर इन दिनों
धूप के आख़िरी संस्करण पर है
अख़बार में सूरज डूबने का वक़्त लिखा होता है
उसे बिना पढ़े ही
इन्तज़ार करता हूँ आख़िरी संस्करण का
कोई अदृश्य उसे खींचे चला जाता है
पूरा देखूँ
पहले इसको खींच लिया जाता है
हर रोज़ खींच लिया जाता है!

दिन भर धूप की चिड़ियाँ छेड़ेंगे

धूप की हज़ारों चिड़ियाँ
ज़िन्दगी के पेड़ पर
यानी ज़मीन, आदमी, रेहड़ी, झाड़ू
कार, मकान
भवन, सड़क, नाली, पनाली, रेत औ' पानी...

अभी मैं उन्हें छेड़ूँगा
वे उड़ेंगी, सचमुच, देख लेना
और हज़ारों चिड़ियाँ पर आके बैठ जायेंगी...

होती है जब धूप तब आवाज़ें भी होती हैं
आवाज़ें कव्वे हैं
ख़ामोशी के टुकड़े झपटने निकले

मैं परेशान हूँ
चाहिए मुझे कुछ रात के निशान
दिन की गीली ज़मीन पर
बस ऐसे ही मन हुआ है
होंगे क्या कहीं रात के निशान
अथवा उसकी मैल
अथवा उसके नाख़ूनों के टुकड़े
अथवा उसकी गन्ध ही

चलो छोड़ो
आज दिन भर धूप की चिड़ियाँ छेड़ेंगे
आवाज़ के कव्वों पर
मारेंगे पत्थर...

प्रण

घास टूटने के दिनों
दिसम्बर की शामों
ख़ाली सड़कों
बत्तियों की रौशनी के तले
किये गये प्रण

देकर हमें हमारे प्रण
वे चले गये
बाँध कर हमें
रोप कर हमें
हमारी सरगम बनाकर
चले गये...

दिसम्बर के दिनों
माँग ली हमारी क़मीज़
जूतों का जोड़ा
हमारी डायरी औ' पेन
कुछ देर गें आने का कह कर
वे चले गये!

दो

हमारी छातियों
हिचकियों से फँस गये
वे प्रण!

याद आये
कौर चबाते
हर नींद
हर स्वप्न में रहे
याद आये
बत्तियाँ बुझाने से पहले
धूल की तरह जम गये
हमारे टखनों पर
जब हम थक गये
हमारी बग़ल में खड़े
हमारे पसीने में वे प्रण

तीन

उन्हें लिए शहर की सड़कों पर
गली–कूचे, गाँव–देहात
शुरू होती जहाँ अन्धेरी बस्तियाँ
जहाँ नहीं कोई ख़ुदा
सिर्फ़ दिलासा, सिर्फ़ धुन्ध
हरहराती बाढ़ की तरह सिर्फ़ हक़ीक़त

निशान, जैसे चोटों के निशान
निशानों का एक अनन्त मंज़र
धूप पर फैला उबकाई का एहसास
बच्चे दूध नहीं माँगते

न आने वाले वक़्त की परेशानी
जहाँ से बहुत दूर बाग़ीचे
बड़े बाज़ार
बसेरा करते पुश्त–दर–पुश्त गुमनाम लोग
गुमनाम पतों पर
बड़ी–से–बड़ी बात से फ़र्क़ नहीं पड़ता
पिशाचों की तरह डराती जहाँ
छोटी–छोटी बातें
हर कर्म के कसूरवार सिर्फ़ लोग
जानते नहीं जो अपने देश का नाम!

सिर्फ़ पीटने को जाते मौसम जिधर
राहत कभी पेड़ या दिसम्बर की धूप
सारा बोझ सहने को सिर्फ़ शरीर
बस्तियाँ, रौंदने को जिन्हें तैयार
क़ानून की बारीक इबारतें, सिपहसालार, सरदार
बचाता आया सिर्फ़ राजपरिवारों का रहम
जिसका रहता इन्तज़ार!

चार

घास टूटने के दिनों
बत्तियों की रौशनी के तले किये गये
वे प्रण!

क़तई नहीं थमती थी जब ख़ून की सनसनाहट
पेड़ों की पत्तियों औ' हवाओं के अन्तराल में फैली
भिगोती बरसात की तरह
धूप की तरह छितरी
ख़ून की सनसनाहट!

भेजे गये ख़त की तरह
देकर हमारे प्रण
कुछ देर में आने का कह कर
वे चले गये...

हमने लिए अपने प्रण
खीसे में रोकड़ की तरह बाँध कर रखे
ठहरे रहे हम
वे चले गये!

पाँच

प्रण वे निकल आये इधर
गाँव औ' शहरों के पिछवाड़े
जिधर फैले हैं खेत
पगडण्डियाँ, निशान जिन पर
लोगों के, आते–जाते काम पर
प्रण हमारे जैसे आसमाँ में कंदीलें!

छाये सर्दियों की धुन्ध की तरह
तमाम बस्तियों औ' मैदानों पर
धूप में सुस्ताते पिल्लों की तरह
पसर गये
चिपक गये पोस्टर की तरह
दीवारों, दरवाज़ों पर
लौट कर नहीं जो आये
उन्हें भूल कर, वे प्रण
इधर आ गये, सबको भा गये
किसान के हाथों से बीज की तरह
छितरा गये...

चीरती जाती ख़ाली आसमान–
चिड़िया या हमारा मन

ख़ाली आसमान में फड़फड़ाते पंख
चिड़िया या हमारा प्रण!

सकना

कुछ भी हो सकता है
याद रखो!

अक्तूबर में गरज
सकते हैं बादल
इनकार कर सकते हैं कारिन्दे
पर क़तरना
हिन्दी में आज़ादी बन सकती है बहस की बात
रिआया को करना परेशान
पड़ सकता है राजा को महँगा!

चिल्लाते हैं बच्चे–
'पापा! कुछ भी हो सकता है'
'बहन! कुछ भी हो सकता है'
डालकर आँख में आँख कहती हैं लड़कियाँ–
'कुछ भी हो सकता है!'

बड़े लोगों ने कहा–
'कुछ भी हो सकता है!'
ऐसे ही नहीं कहते बड़े लोग
कुछ भी हो सकता है!

इसीलिए मैंने उड़ाई पतंग
निहारा रेलगाड़ियों को, सुनी उनकी सीटियाँ
पत्थरों पर बैठा रहा घण्टों
छुआ मेरा मर्म
बहते पानियों ने इसीलिए...!

फ़ानूस

घुप्प अन्धेरी रात
चाँद फिर उगा...

मुझे फिर लगा
उगा है चाँद

पुराना कोई एक फ़ानूस
आकाश की कमज़ोर शहतीरों से लटका...

एक पुरानी
चाँद चमकने की याद–
चाँदनी उसकी फैलती
मानो खेत में पकते गुड़ की ख़ुशबू...
पछुआ से लहलहाते खेत
बरसात से पहले
जुड़ी उस याद से यह याद!

अक्तूबर की धूप
चमकती झील
जुड़ी उस याद से यह याद!

बहुत बारीक अँधेरे की नक़्क़ाशी
वैसी बारीकी में उगा चाँद
रौशनी उसकी
मानो ताज़ा चिनी गयी दीवार...

काली अन्धेरी रात
उगा है चाँद
आहट की तरह!

नशा

अक्तूबर के आते
दृढ़ नशा एक लौट आया

क्यारियाँ खेतों की चमकने लगीं
नहरों के साथ–साथ पगडण्डियाँ
जहाँ से गुज़रे कभी योद्धाओं के क़ाफ़िले
बहा था जहाँ ख़ून!

भन्नाती रहीं शायरों की खोपड़ियाँ
सितम ढाये जाते रहे
लोगों की टूटती रही कमर
शर्म नहीं आयी
चाहिए थी जितनी
हँसते रहे ज़ोरों से अँधेरे...

साँप के फन की तरह
कुचल दी ग़ैरत
डरी हुई सभ्यता ने

अक्तूबर के लौटते
चुप क्यों हो जाती कोयलें
क्या चलता रहता पत्तों के पीछे...

अक्तूबर के लौटते
चढ़ जाता है दृढ़ एक नशा
जाग उठता ज़मीर
लगता एहसास को ख़मीर
आसमान में जगता भरोसा
रिश्ता ज़मीन से जुड़ता

अक्तूबर के दृढ़ नशे में
सुनाई देती हैं साफ़–साफ़
तवारीख़ के बन्दी–घर से उठती चीख़ें!

प्यार

सन्तरे की तरह खुला
आज का दिन

उड़ चला पंछी
जैसे टहनी को छोड़

औरत ने सम्भाली रसोई–
रचती सभ्यता
बच्चे चले स्कूल...

ज़िन्दगी से चले गये रात के दिये
आ गये धूप के दोने
सुबह के भरे पतीले

आ गया प्यार!

छज्जे पर बैठा कबूतर–
कुछ अनजाने ने घेर लिया मुझे!

दौड़ पड़े दिन के मोटरसाइकिल
दौड़ पड़े दिन के ट्रक

दिन की रेहड़ियाँ
उड़ चली दिन की पतंग

चमकती चबूतरे पर पड़ी कटार
दिन की धूप में!

गलियों में दौड़ते अधनंगे बच्चे
अधभूखे बच्चे...

वे नहीं बोलते
मैं बोलता हूँ उनकी जगह–
'हमारा प्यार
हमारा प्यार...!'

समय (एक)

जब सूँघा थका समय
उसमें थी अचार की गन्ध
पर कुछ नहीं था खाने को साथ!

किताब में सूखे फूल की तरह मिला
थका समय–
कोई ख़्वाब!

थके समय में नहीं था
मेरा अक्स थका
उपजे सवाल
जिनके नहीं जवाब ..

थके समय में मैंने
ढूँढी सीधी राह–
राजमार्गों से गाँव–देहात

सुनती पानी की कल–कल
सूनेपन में जिसके
दिखते खुरदरे चेहरे
कथाएँ कानों में पड़तीं
उनकी जो खेत रहे वहीं–कहीं!

लौटते स्कूलों से रेले
हूक–सी उमगती भीतर
कुएँ में मानो उतरती गगरी...

समय (दो)

समय हुआ
लिखी एक वसीयत

पीले काग़ज़ पर
सस्ते काग़ज़ पर

मिट्टी की कटोरी से चखीं
दो बून्दें
चलायी साइकिल नंगे पैर

फटी क़मीज़ की बाँह
तेल नहीं था बालों में

घिरे ख़ूब बादल
पनालियों में बहा बहुत पानी
एक बार!

सपना आया
चीज़ों के टूटने का
एहसास–कगार हरहरा कर टूटे
याद है...

कँटीली बाड़ थी घेरे
लात मार दी
घुड़सवारी से मना किया
चिल्लाया–
'इबारतें मिटा दो दीवारों पर लिखी'

पकड़ा गया
रघुवीर सहाय की कविता पढ़ते–
'हँसो हँसो जल्दी हँसो'
एक दिन

अगले दिन मिला
देश–निकाला!

स्वर

ख़ामोशी से गुत्थमगुत्था होते
नये स्वर
आधी रात में!

गेहूँ के खेतों के पीछे
पानी–डूबे धान बीच
सफेदे के पेड़ों के सिरों पर
लौटती भैंसों के पीछे–पीछे
स्कूलों के प्रार्थना–गीतों में
नये स्वर!

उड़ते जब नये बाज़
होती जब नयी बारिशें...
नये इन्द्रधनुष
बनती नयी सड़कें
नयी ईख
ढले नये सिक्के...

बस्तियाँ नयी
पुराने शहरों में
धुनें नयी
पुराने साज़ों में!

साये की तरह मेरे साथ
नये स्वर

बारिश में बेतरह भीग गया
जूतों की आवाज़ में
उभर आते थे नये स्वर
एक दिन!

आना

सुनसान से निथर आती आवाज़
आते तेरे ख़्याल वैसे
उन दिनों
उन रातों

रस्तों की धूल में
मिल जाते कँचे
मिल जाते जैसे बादल
यूँ ही, बेसाख़्ता आसमानों में—
पड़े ढलानों पर
बियाबानों में
मिल जाते वही ख़्याल
घूमते चौगानों में...!

जिन शाख़ों पर झूले
जो टूट गयीं
जिन पत्तों पर चले
आवाज़ें पीछे छूट गयीं
रस्सियाँ वे जिनसे बने झूले...!

तस्वीरों से सूख गये फूल
कोनों में पड़ी ओखलियाँ उदास
बिन बात मन नाराज़

सिगरेट के टुकड़े
भुनी मक्की के दाने
बहुत कुछ जो चला गया
पिछले पन्नों पर छूट गया
जिसने भेड़ लिए दरवाज़े
जो था गहरी नींद में...

चला आया
आने लगे जब ख़्याल तेरे...

पहिया

हत्याओं भरी धरती पर चमकता
सब कुछ देखता
अधजगा चाँद
कटार में ढला

अँधेरे में छिपा
जैसे शातिर क़ातिल

सधे क़दमों से आता बाहर
ख़ुद को बचाता
ढाल में ढला!

कुछ नहीं चाँद
हमारे भीतर का अक्स सिर्फ़...

सब कुछ चाँद
ख़ला में वही अकेला
फाहे लगाता
शीतल करता!

कुछ भी नहीं चाँद
बेचैन दिलों का
कहने का ढंग एक...

अकेलेपन का गीत अकेला
एक तस्वीर टकराती
और तस्वीरों से
और तस्वीरों की याद दिलाती...

साइकिल के कबाड़ से निकला
ज़रा टेढ़ा पहिया
वह इस समय

दौड़ाने की कोशिश करता
क़स्बाई लड़का
पिछले सालों का...

□□□